Saperlipopett

Robert Soulières

Illustrations : Diane Blais

Directrice de collection : Denise Gaouette

Rat de bibliothèque

Données de catalogage avant publication (Canada)

Soulières, Robert

Saperlipopette, Violette!

(Rat de bibliothèque. Niveau 1 ; 1)
Pour enfants de 6 ans.

ISBN 978-2-7613-1298-1

I. Blais, Diane. II. Titre. III. Collection: Rat de bibliothèque (Saint-Laurent, Québec). Niveau 1 ; 1.

PS8587.O927S26 2001 jC843'.54 C2001-941439-0
PS9587.O927S26 2001
PZ23.S68Sa 2001

Dépôt légal: 1er trimestre 2002
Bibliothèque nationale du Québec
Bibliothèque nationale du Canada

IMPRIMÉ AU CANADA

14 15 16 17 EMP 20 19 18 17
10492 ABCD CM16

—Bonne journée, ma chouette !

—Sois prudente sur le chemin de l'école.

J'aime beaucoup aller à l'école à pied.

Je rencontre toujours des amis sur mon chemin.

— Bonjour, Charles-Antoine !

—Je ne m'appelle pas Charles-Antoine.
Je m'appelle Simon.

Alors, je marche avec Simon.

Je bouscule une vieille dame.

J’écrase la queue d’un chien.

Je trébuche sur la bordure du trottoir.

Je suis vraiment dans la lune ce matin !

Enfin, je suis dans ma classe.
—Bonjour, Marjolaine !

— Violette,
tu n'es pas dans la bonne classe.

— Saperlipopette ! Violette,
tu as encore oublié tes lunettes !